AF369654

CATALOGUE

D'UNE COLLECTION

D'OBJETS D'ART

ET

DE CURIOSITÉ

Objets orientaux, Meubles, Faïences, Porcelaines, Verreries,
Armes, Tapisseries anciennes des Gobelins & de Flandres,
Tapis de Smyrne, de Perse & de Constantinople, Étoffes
orientales et Objets divers;

LE TOUT COMPOSANT LA COLLECTION

DE

M. LABBÉ, ARTISTE PEINTRE

Et recueilli par lui dans ses Voyages et principalement dans son séjour en Orient

DONT LA VENTE AUX ENCHÈRES PUBLIQUES AURA LIEU

HOTEL DES VENTES

Rue Drouot, n° 5,

SALLE N° 3

Les Lundi 8 et Mardi 9 Avril 1867,

A DEUX HEURES PRÉCISES

Par le ministère de Mᵉ **PHILIPPE LECHAT**, Commissaire-Priseur,
rue de Provence, 73,
Assisté de **M. FEBVRE**, Expert, rue Laffitte, 12,
CHEZ LESQUELS SE DISTRIBUE LE CATALOGUE.

EXPOSITION PUBLIQUE

Le Dimanche 7 Avril 1867, de midi à 5 heures.

PARIS 1867

CATALOGUE

D'UNE COLLECTION

D'OBJETS D'ART

ET

DE CURIOSITÉ

Objets orientaux, Meubles, Faïences, Porcelaines, Verreries, Armes, Tapisseries anciennes des Gobelins & de Flandres, Tapis de Smyrne, de Perse & de Constantinople, Étoffes orientales et Objets divers;

LE TOUT COMPOSANT LA COLLECTION

DE

M. LABBÉ, Artiste Peintre

Et recueilli par lui dans ses Voyages et principalement dans son séjour en Orient

DONT LA VENTE AUX ENCHÈRES PUBLIQUES AURA LIEU

HOTEL DES VENTES

Rue Drouot, n° 5,

SALLE N° 3

Les Lundi 8 et Mardi 9 Avril 1867,

A DEUX HEURES PRÉCISES

Par le ministère de M° **Philippe LECHAT**, Commissaire-Priseur, rue de Provence, 73,

Assisté de **M. FEBVRE**, Expert, rue Laffitte, 12,

CHEZ LESQUELS SE DISTRIBUE LE CATALOGUE.

EXPOSITION PUBLIQUE

Le Dimanche 7 Avril 1867, de midi à 5 heures

PARIS · 1867

CONDITIONS DE LA VENTE

Elle sera faite au comptant.

Les Acquéreurs paieront CINQ POUR CENT en sus du prix d'adjudication.

L'Exposition mettant les Acquéreurs à même de se rendre compte de l'état des Objets, il ne sera reçu aucune réclamation une fois l'adjudication prononcée.

DÉSIGNATION

[note manuscrite : J'ai suivi cette vente le ... de 2 h. à 5 h. 1/2. — ... jusqu'à l'achat ... Persan. —]

[note manuscrite : J'ai poussé les 3 Tapisseries jusqu'à 1850 f. —]

Objets orientaux.

1 — Plusieurs Tapis de Perse très-beaux de fabrication, dont un magnifique de première grandeur.

2 — Plusieurs Tapis des fabriques de Smyrne, du Kurdestan et de Constantinople.

3 — Beaux Tapis orientaux à haute laine.

4 — Plusieurs Portières orientales en cachemire brodées d'or et d'argent.

5 — Très-ancien et riche Tapis de Perse, broché d'or et d'argent.

6 — Meuble turc en bois, avec tiroirs et panneaux en ivoire repercé à jour.

7 — Beau Coffret turc, appliqué d'écaille et incrusté de nacre et d'ivoire.

8 — Un autre à tiroirs, incrusté d'ivoire.

9 — Table turque formant guéridon, en bois sculpté et doré· beaux ornements à jour.

10 — Deux Décagènes ou Tables turques en bois naturel, appliqués d'écaille et incrustés d'ornements en ivoire et en burgau.

11 — Petite Tasse et son Présentoir en or émaillé.

[notes manuscrites en bas de page :]

Une Cage en Cuivre (très belle : ... très grand ... — avec couronne au sommet ... (M. de Saux) .... 55 f.

M. ... flamand (ancien) avec sa couronne ... rouge, pareil au ... (M. de Saux) .... 185.

12 — Deux Décagènes ou Tables turques en bois naturel, appliqués d'écaille et incrustés.

13 — Grande Nappe persane ou Serviette de cérémonie, fond en toile très-richement décoré de fleurs et d'ornements en soie brodés à la main.

14 — Coupe à couvercle en cuivre richement gravé; travail de Constantinople.

15 — Aiguière orientale, même genre de travail que la précédente.

16 — Plusieurs Tasses persanes et leurs Présentoirs en cuivre émaillé et d'autres en filigranes d'argent incrustées de coraux.

17 — Mangal arabe, ou Brazero de forme hexagone; le tour de la partie supérieure offre une large frise en cuivre repercé à jour; il est soutenu par des colonnes en cuivre se reliant au socle.

18 — Plusieurs Narguilhés d'Orient; les uns en argent, les autres en métal damasquiné d'argent et en cuivre repoussé, avec turquoises incrustées.

19 — Plusieurs Coupes orientales en bronze; les unes gravées à l'extérieur portant des versets du Coran, les autres avec ornements et caractères arabes damasquinés d'argent.

20 — Bidon en bas argent.

21 — Grand Bassin en bronze doré.

22 — Ibrick orné d'inscriptions.

23 — Patins de bain en bois incrusté de nacre, d'autres en bois incrusté d'ivoire.

24 — Plusieurs Ibriks; les uns en argent, les autres en cuivre repoussé.

25 — Deux Plaques de ceinture en argent ciselé, incrustées d'ornements en corail. Travail oriental.

26 — Grand Bassin arabe en bronze; le tour avec inscriptions arabes gravées.

27 — Autre grand Bassin à couvercle, même genre que le précédent.

Armes orientales.

28 — Fusil albanais, belle garniture en argent ciselé.

29 — Beau Yatagan en damas, travail de Janina; la poignée et le fourreau en argent repoussé et ciselé.

30 — Plusieurs Armes persanes, circassiennes et turques: Poignards, Fusils, etc.

Meubles italiens, français et autres.

31 — Meuble italien à deux vantaux cachant à l'intérieur trois portiques et plusieurs tiroirs; toutes ces pièces sont ornées de bas-reliefs en bois très-finement sculpté, représentant des figures mythologiques et des animaux. Travail de l'époque de Louis XIII.

32 — Meuble italien en bois d'ébène incrusté de filets en ivoire; le devant à deux vantaux, en s'ouvrant, laisse voir à l'intérieur un portique à colonnes environné de treize tiroirs, plaqués d'écaille et incrustés de frises gravées en ivoire.

33 — Meuble italien, dit cabinet, en bois noir naturel; à l'intérieur sept tiroirs appliqués d'écaille avec ornements en nacre.

34 — Meuble italien en ébène, dit cabinet, travail de l'époque de Louis XIII, le devant avec tiroirs et portique central, le tout orné de plaques en ivoire gravé à sujets mythologiques; la partie inférieure offre un support à jour, à balustres en bois tourné et sculpté.

35 — Très-beau Trictrac, garni de ses pions, en bois représentant des bustes de personnages célèbres. Travail italien du xviie siècle.

36 — Plusieurs Coffrets en bois naturel incrustés d'ornements en ivoire et nacre.

37 — Coffret japonais en bois laqué et chagriné; le couvercle dômé est décoré d'animaux chimériques en relief.

38 — Meuble allemand, du xvie siècle, orné de portiques, de balustres et de colonnes en bois sculpté. Le tout avec personnages et ornements en marqueterie de bois.

39 — Bureau en bois incrusté d'ivoire.

40 — Plusieurs Glaces dans leurs bordures en bois sculpté et doré Louis XIII et Louis XIV.

41 — Plusieurs Fauteuils et Chaises des époques de Louis XIII et de Louis XIV, recouverts en tapisseries du temps.

42 — Boîte à jeu chinoise en laque noir rehaussé d'or; à l'intérieur plusieurs boîtes à fiches et des plateaux.

43 — Plusieurs Panneaux en bois sculpté, les uns gothiques, les autres du xve siècle.

44 — Guéridon monté sur quatre pieds en bois sculpté.

45 — Deux Reliquaires italiens en bois noir. Style renaissance, avec niches et couronnements sculptés.

46 — Glace Louis XIII. Beau cadre sculpté à sirènes et chevaux marins.

47 — Pendule à S en ancienne marqueterie d'écaille et de cuivre.

48 — Plusieurs Lumières appliques en bronze doré, des époques de Louis XIII et de Louis XV.

49 — Lustre hébraïque en cuivre à huit lumières; travail hollandais du XVIe siècle.

50 — Ancienne cage hollandaise, le bas avec plateau en cuivre repoussé.

Faïences italiennes, françaises et autres.

51 — Plusieurs Vases, Plats, Assiettes et autres pièces en anciennes faïences des fabriques italiennes de Pesaro, de Savone et autres.

52 — Plusieurs Plats en faïence de Perse, tous en émaux de couleurs, ornés d'œillets, de tulipes et de rosaces.

53 — Plusieurs Plats; fabrique de Lafrata.

54 — Salières, coupes, aiguières, vases à médaillons et bénitiers. — Plats à sujets; fabrique d'Urbino.

55 — Coupe d'accouchée, à reflets; fabrique de Pesaro.

56 — Plusieurs Plats gaufrés et décorés d'arabesques; fabrique de Castel-Durante.

57 — Quantité d'Objets en anciennes faïence des fabriques de Rouen, Moustiers, Haguenau et autres.

58 — Plusieurs Plats et autres Pièces en faïence de Marseille.

59 — Plateaux en ancien Rouen.

Porcelaines diverses.

60 — Petite tasse en ancien Sèvres pâte tendre.

61 — Coupe en porcelaine allemande, monture en bronze doré.

62 — Deux Compotiers en porcelaine de Vienne.

63 — Plusieurs Pièces en ancienne porcelaine de Saxe.

64 — Une potiche en vieux chine.

65 — Plat de l'Inde décor bleu.

66 — Environ cent Pièces en porcelaine de la Chine et du Japon; Soupière armoriée, Plats, Assiettes, Tasses et autres.

Verreries de Bohème et de Venise.

67 — Plusieurs Coupes, Aiguières, Verres, etc.

68 — Plusieurs Pièces en ancien cristal de Bohème, taillées, gravées.

69 — Quantité de Verres et Coupes à dessins filigranés en verrerie de Venise.

Armes.

70 — Belle Armure complète du XVIe siècle en fer forgé et poli.

71 — Cuirasse et Casque époque de Henri IV.

Tapiseries des Gobelins et autres.

72 — Trois belles Tapisseries anciennes des Gobelins, fond rouge, avec décor d'arabesques, de niches avec personnages, d'animaux et de médaillons à figures, d'après les dessins de Bérain et de Lebrun.

73 — Six Pièces en anciennes tapisseries, brochées d'or et d'argent et brodées en soie ; sujets de la Passion.

74 — Plusieurs Tapisseries anciennes, de Flandre.

75 — Deux Portières en anciennes tapisseries d'Orient, brodées à la main ; riches décors d'arabesques, de fleurs et de fruits.

76 — Une grande quantité de belles Étoffes orientales, brodées à la main, seront vendues sous ce numéro.

77 — Garniture pour meuble de salon en velours cramoisi ; le bord avec liserés et plates-bandes en soie, travail de l'époque de Louis XIV.

78 — Portières en anciennes étoffes.

79 — Grande quantité d'Étoffes anciennes.

Objets divers.

80 — Plusieurs Plats de l'époque de Louis XIII en cuivre repoussé; les uns à godrons et frises, les autres à sujets.

81 — Autres Plats en cuivre repoussé et argent, très-riches d'ornementation; travail de l'époque de Louis XIV.

82 — Belle Boîte à couvercle en laque rouge de Pékin, très-riche d'ornements gravés au burin; sur le couvercle, un paysage avec des personnages chinois à haut relief.

83 — Grand et beau Plateau en cuivre émaillé de la Chine; le tour décoré d'une belle frise; le centre avec fleurs de chrysantèmes et oiseaux.

84 — Grand et beau Plat Louis XIII en cuivre repoussé; au centre, l'Amour offre des fleurs à sa mère; sur le bord, entourage de rinceaux.

85 — Râpe à tabac Louis XIII en bois, très-finement sculptée; ornée d'entrelacs et d'un écusson abbatial.

86 — Autre Râpe à tabac Louis XIV, en ivoire sculpté.

87 — Deux Coupes en émail fond bleu, à rehauts d'or et bouquets de fleurs.

88 — Environ trente Pièces antiques. (Poteries de diverses formes et grandeurs.)

89 — Sous ce numéro, les Objets omis.

Renou et Maulde, imprimeurs de la Compagnie des Commissaires-Priseurs, rue de Rivoli, 144. 2283

Armes Orientales.

[...] elles n'étaient pas [...] belles
[...] 6 Yatagan [...] 29.)

[...] Poignard de Kandjar.   53./.
[...] ([...])
[...] et épaulettes .   90./.
[...] (Couronne de [...])
[...] ([...] d'armes . —   285.
[...] Carbeau . [...] che ivoire
[...] en fer ciselé à jour.
[...] (Ta[...])   55.
[...] formes orig[...]
(Sédran.)   92.

Tapis.

Grand Tapis de Perse carré . (la [...])
    d'un vert d'eau fade. —   = 305.
Plus Grand Tapis (pareil dessus)   ——   840.
    (pour couvrir toute la pièce.)
Petit Tapis de Perse (très ancien)
    [...] mais d'un [...] dessin et d'un ton
    délicieux . —   (Bellard-d[...])   380.
Tapis Turc , fond blanc , à bordelaine.
    de [...] dessus , et très [...] . (Sédran)   X   225.
    (celui qu'il a[...] posé et rapporté .)
    mal[...] . —
autre . [...] fabrique (à petits dessins)   100
autre . id .   id .   130.
autre . fond gazelle (joli , mais [...]
    [...] couleur à fond blanc . —   255.

Tapis Divers.

2. Grandes Tapisserie de Flandre . de grandes
    [...] lar[...] et de [...] dessus .   290.
    (M[...] Normand)
1. Tapisserie de Flandre : grandeur
    moyenne . bien conservée . dessin
    dans le genre de celles de [...] salle à manger .   390.
    (Braun.)
1. Très Grande Tapisserie . = Mythologie
    sujet très la[...] . = [...] bordure , luxe
    [...] et dessus superbes .   150.
            (Braun.)
    pour M[...] Th. Rousseau

Tapis (dit de Mascara) fond et bordure
couleur café foncé. — bande laine :
très original. —   795.

2. Portières : applications de draps de   245.
couleur, sur fond vert. —

Tapis de table Persan. cuvette
brodée de soie. fond rose.
                        (Waïl.)   221.

id. fond rouge ponceau ; brodé
en blanc. —   (Waïl.)   226.

6 Bandes broderies sur tulle.
échappes de l'Inde. = montées sur
bandes brodée vert d'eau ponceau
par terre ou ruban. (Genre de
celles ci dessus.)   336.

Grande nappe de l'Inde. fond blanc
brodée de fleurs de couleurs. —   305,